LE MINISTÈRE ET LA CHAMBRE DES DÉPUTÉS.

De la crise présente et de celle qui se prépare ;
par M. le comte de Montlosier.

PARIS. — IMPRIMERIE ET FONDERIE DE FAIN,
Rue Racine, n. 4, place de l'Odéon.

LE MINISTÈRE ET LA CHAMBRE DES DÉPUTÉS;

PAR
M. LE COMTE DE MONTLOSIER.

Desistite, quæso, verbum directum non habemus.

PARIS.
DUFEY, LIBRAIRE-ÉDITEUR,
RUE DES BEAUX-ARTS, N°. 14.

1830.

LE
MINISTÈRE
ET
LA CHAMBRE
DES DÉPUTÉS.

CHAPITRE PREMIER.

EXPOSÉ.

DANS un précédent écrit j'ai manifesté des inquiétudes sur les conséquences que pourrait avoir l'ordonnance du 8 août. Ces inquiétudes se sont réalisées. Une contention qui n'avait lieu d'abord qu'entre des journaux, interprètes plus ou moins sûrs de l'opinion publique, a pris, par l'intervention du chef de la nation et de ses représentans, un caractère tellement grave, que c'est déjà un malheur d'en prévoir l'issue, quelle qu'elle puisse être.

La position de la France en ce moment est fâcheuse : elle peut devenir terrible ; car il ne s'agit pas moins que d'une scission possible entre la tête et le corps de l'état. Cette scission une fois opérée, ce n'est pas à tel ou à tel attrait que nous avons à céder. Nous avons prêté serment d'obéissance au Roi; nous l'avons prêté aussi à la Charte. Quel parti faudra-t-il prendre si, par l'effet d'une division déplorable, un pouvoir chéri et respecté, d'une part, et de l'autre, nos députés, la Charte à la main, viennent réclamer diversement notre fidélité?

Cette question est grave; elle mérite d'être approfondie. A cet effet, je commencerai par examiner l'état des partis en France depuis la restauration. Je rechercherai ce qui peut se trouver dans tous, d'erreurs ou de méprises, et ce qu'à raison de ces erreurs et de ces méprises, ces partis peuvent mutuellement se causer de dommage et s'inspirer de crainte. Enfin je rechercherai de quel côté se trouve aujourd'hui la véritable force; par conséquent, si cette force abusait, où se trouverait le véritable danger?

CHAPITRE II.

DE L'ÉTAT DES PARTIS EN FRANCE, ET DES CRAINTES QU'ILS S'INSPIRENT RÉCIPROQUEMENT.

Une opinion plus ou moins sincère, plus ou moins vague de leurs dangers, étant ce qui détermine au moment présent l'attitude des partis, il importe de rechercher ce qu'il y a de prétexte ou de fondement dans ces craintes; et, d'abord, je dois prévenir que le sens de ce mot *parti* n'est pas toujours facile à préciser. Les écrivains qui s'appellent royalistes ont dit que le parti libéral ne se composait que de minorités : je pourrais bien en dire autant du parti royaliste. Il faudrait bien du temps sans doute pour accorder tous les membres du côté gauche et du centre gauche. Il n'en faudrait pas moins, je présume, pour accorder ceux du côté droit et du centre droit.

Dans les deux partis, quand on les observe avec attention, on peut remarquer presque également de mauvaises locutions ou de mauvaises doctrines. Par exemple, c'est peut-être sans mauvaise intention que, parmi les libéraux, des hommes d'esprit emploient habituellement le mot *révolution* pour exprimer le mouvement qui rendit au peuple français, en 1789, ses anciens droits et ses anciennes libertés. Cette pensée leur est tellement familière, qu'ils appellent *contre-révolutionnaires* ceux des royalistes absolus qui, étant principalement affectionnés à l'ancien régime, le regrettent hautement, et en sollicitent le retour. A mon avis, c'est une méprise. Il est manifeste que le mouvement qui, en 1789, reporta la France à ses anciens états généraux, n'était point, malgré son fracas, une *révolution*, mais le retour à l'ancien système de droit et de liberté qui nous était propre : système depuis long-temps éludé, plus ou moins violé, mais jamais abandonné. Il s'était conservé partiellement dans l'Artois, dans la Bourgogne, dans le Languedoc, dans la Bretagne. Il durait encore dans la Provence, qui avait voulu *s'unir et non se subalterner*. Il s'était conservé dans le clergé considéré comme un des trois ordres. Il en restait même quelque chose dans les parlemens, qui s'étaient proclamés une sorte d'*états généraux au petit pied*.

Oubliant ces circonstances, se méprenant sur l'événement de 1789, et peut-être aussi ne voulant reconnaître rien d'honorable dans les temps qui le précédèrent, des libéraux se sont déterminés à regarder nos libertés, notre constitution, notre Charte, comme un produit de la RÉVOLUTION. Sans disconvenir de ses excès (qu'ils expliquent au surplus à leur manière), la révolution leur paraît une bienfaitrice, du sein de laquelle sont sorties à une première époque notre gloire, à une seconde époque nos libertés. Ce langage, qui ne couvre souvent aucune mauvaise intention, afflige beaucoup d'honnêtes gens; surtout quand il vient à retentir dans l'enceinte des Tuileries, aux oreilles de personnes augustes, toutes remplies des souvenirs horribles de la révolution.

Dans ce parti, ce n'est pas tout que de mauvaises locutions et de mauvaises doctrines; la conduite semble quelquefois s'en ressentir. Il y est en quelque sorte convenu de ne tenir aucun compte des sacrifices ou des pertes; de confondre dans la même classe de victimes, Robespierre et Malesherbes, Danton et Sombreuil. En même temps qu'on frappe du caractère de spoliation les anciennes légitimités reconnues par la loi, on donne le caractère de légitimité aux nouvelles spoliations légalisées par l'échafaud. L'ancien régime ayant eu des abus, on s'en autorise pour regarder comme un abus tout ce qui, hommes et choses, appartenait à ce régime ; ce qui n'empêche pas de porter au pinacle, malgré ses horreurs, les hommes et les choses de la révolution.

CHAPITRE III.

CONTINUATION DU MÊME SUJET. — ERREURS DU PARTI ROYALISTE.

Les erreurs du parti royaliste ne sont pas moins remarquables. Dans ce parti, au milieu de ses diverses nuances, on entend retentir, de temps en temps, les propositions les plus mal sonnantes : propositions repoussées jésuitiquement quand elles font trop de scandale, tolérées quand elles en font moins, reprises et adoptées quand on croit qu'elles n'en font plus. On a beau dire, alors, que ce n'est pas la doctrine de tout le parti, ces propositions ne lui sont pas moins imputées ; et tandis qu'ailleurs la Constitution est tout, et le Roi seulement un accessoire, là, en contre-partie, le Roi est tout, et la Constitution peu de chose. Dans ce parti, on ne compte pas tout-à-fait la majorité pour rien; on la place dans les trois pouvoirs. On dit : La Chambre des pairs et le Roi se sont prononcés; on n'a plus besoin de la Chambre des députés. D'autres vont plus loin. Ils disent : *La majorité, c'est le Roi.*

Quand le parti *royaliste* remonte, dans la rigueur du droit, à la source du pouvoir royal, il ne montre pas moins d'exagération. Les uns prétendent que le pouvoir absolu, en France, appartient essentiellement à la royauté. La France, disent-ils, a toujours été régie par le pouvoir absolu. Suivant d'autres, le despotisme est de droit divin. Le devoir des sujets n'est pas de s'occuper de leurs affaires, mais seulement d'obéir aux autorités, fussent-elles injustes, *etiam discolis*. La Charte, qui a consacré d'autres dispositions, est une surprise faite à l'autorité, tout au plus une concession émanée du *bon plaisir*, laquelle peut disparaître au gré du *bon plaisir.*

La conduite de ce parti est en harmonie avec ses doctrines. Comme un sentiment de haine porte la France nouvelle à tout contester à la France ancienne, le même sentiment porte la France ancienne à tout contester à la France nouvelle. Celle-ci traite d'usurpation les avantages anciens, celle-là traite de même les avantages nouveaux. Parce que la révolution s'est élevée à la suite du grand mouvement de 1789 en faveur des libertés, le parti libéral se prévaut de ce grand mouvement pour en faire honneur à la révolution. Il trouve alors devant lui une portion du parti royaliste, qui se prévaut de la révolution pour repousser, comme révolutionnaire, le mouvement qui la précéda. En tout, le parti royaliste se résout à supporter le régime de la Charte : il ne veut que le supporter. Notre gloire militaire, il la supporte de même; il la regarde comme quelque chose de fortune : les parvenus de la révolution sont frappés par lui du même discrédit que tous les parvenus.

Tels sont réciproquement, depuis la restauration, les torts et les injures des deux partis. Selon que les traits de ce tableau sont plus ou moins prononcés, ils déterminent des attitudes qui leur correspondent. On a ainsi diversement, selon les temps, un 20 mars ou un 5 septembre; on a des jésuites qui se cachent ou qui se montrent; des congrégations qui s'avouent ou qui se désavouent; on a des conspirations Saumur ou des conspirations

Colmar; une loi spéciale d'élection avec deux colléges, et une Chambre septennale; on a un ministère Richelieu, un ministère Decaze, puis un ministère Villèle, puis encore un ministère Martignac; finalement un ministère Polignac.

Ces fluctuations, qui ont caractérisé principalement le gouvernement de Louis XVIII, et en outre les exagérations reconnues des deux partis opposés ont à la fin donné naissance à une réunion d'hommes qui, laissant à chaque parti ce qu'il avait d'erreurs, se sont concertés pour adopter ce qui s'y trouvait de raisonnable. C'est le parti appelé de la *défection* dont je vais parler.

CHAPITRE IV.

DE CE QU'ON APPELLE PARTI DE LA DÉFECTION.

C'est le propre des passions fortes et généreuses, lorsqu'elles sont une fois enflammées pour un grand objet, de se porter de toutes leurs forces vers cet objet. Dans l'enthousiasme qui les anime, et qui quelquefois les aveugle, elles peuvent n'être pas toujours, ni dans le meilleur esprit, ni dans la meilleure voie. A la fin cependant, après avoir été longtemps aux prises et par-là même dans un état d'exaspération, si la tempête vient à se calmer, si quelques jours de trêve laissent aux esprits le temps de réfléchir, aux fureurs le temps de s'apaiser, si les individus des deux partis ont l'occasion de se voir, de se rapprocher, et peuvent ainsi, sous quelques rapports, se mieux connaître et s'apprécier; ou bien, si quelque grand événement inattendu vient porter la lumière sur la ligne qu'on a tenue, et montrer qu'elle mène à un abîme, les étourdis ou les hommes d'un esprit faux pourront s'opiniâtrer à y demeurer; mais les hommes forts, les hommes sages profiteront de cette lumière nouvelle pour se placer dans la bonne et véritable direction.

A l'époque de la révolution française, lorsque ses événemens eurent mis au jour tout ce que peuvent enfanter de crimes des théories démocratiques exagérées, les meilleurs esprits de l'Angleterre, qui jusqu'alors avaient tenu par conviction à ces théories, en connurent aussitôt le danger, et se hâtèrent de les abandonner. On vit ainsi le duc de Portland, M. Wyndham, M. Burke, continuer à aimer les Fox, les Shéridan, et leurs autres anciens amis de l'opposition; mais, tout en conservant ce qu'il y avait de raisonnable dans les doctrines populaires, ils renoncèrent à l'extension funeste qui leur avait été donnée.

Eh quoi! leur reprochait-on, vous, hommes du peuple, qui vouliez si ardemment la liberté, on vous voit à présent dans les rangs du pouvoir! Ils répondaient : Nous voulons toujours la liberté, mais nous ne voulons pas celle des jacobins et de Robespierre. L'Angleterre applaudit à cette déclaration, et le nom de ces hommes est resté glorieux et honoré.

En France, lorsque le royalisme, longtemps aux prises avec un système libéral exagéré, se fut jeté, égaré lui-même par la colère, dans des formes et dans des doctrines outrées, les hommes raisonnables de ce parti s'apercevant de ses écarts durent se rapprocher des hommes raisonnables du parti libéral. Cette conduite a pu, comme en Angleterre, donner lieu à des récriminations de gazette. La France n'en a tenu compte; elle a vu avec plaisir ses meilleurs hommes, qui étaient sur des lignes différentes, s'entendre et se concerter. Car la France veut le pouvoir, mais c'est avec la liberté; s'il lui plaît d'être libérale dans un sens royaliste, avec M. Dupin et M. Royer-Collard, il lui plaît d'être royaliste dans un sens libéral, avec M. Hyde de Neuville et M. de Châteaubriant.

Le changement imprévu qui fit passer les hommes les plus considérables de l'opposition dans le parti du gouvernement fut ce qui en 1789, rassura et sauva l'Angleterre; un changement de même nature dans les hommes les plus honorables du parti monarchique exagéré, et leur profession franche des doctrines sages de la liberté, voilà ce qui, dans ces derniers temps, a sauvé et assuré la monarchie. Que serait-elle a devenue, livrée comme elle l'a été un moment aux belles doctrines de M. de Bonald et de M. Lamennais, si, contre ces prétendus royalistes, il ne s'était élevé de véritables royalistes! Encore aujourd'hui, que deviendrait-elle si on abandonnait sa tutelle aux soins du jésuitisme et aux inspirations de quelques illuminés!

Il y a à cet égard d'autres exemples. Que serait devenue la France en 1814, si, partant de ses premières proclamations, ou, pour parler plus nettement, de ses premières fausses doctrines, Louis XVIII rentrant en France s'était opiniâtré à leur demeurer fidèle?

Le 18 janvier 1793, ce prince ne voyait rien de mieux pour faciliter son établissement sur le trône, que de donner à la France *son ancienne constitution, qui seule*, disait-il, *pouvait faire son bonheur et sa gloire*. C'était l'*unique objet de ses vœux*. Au mois de juillet 1795, il persistait à nous l'offrir de nouveau, *comme le fruit du génie, le chef-d'œuvre de la sagesse, le résultat de l'expérience*. Quelques années après, *quantùm mutatus ab illo!* Quand il nous arrive à Saint-Ouen, connaissant mieux les hommes et les choses, il ne peut sans doute, comme quelques théoristes le demandaient, faire abstraction des choses anciennes; mais en rattachant, comme il le dit dans le préambule de la Charte, les temps anciens aux temps nouveaux, il entre éclairé par une véritable lumière dans les besoins de la France nouvelle. Nous avons sa Charte!

Le temps présent nous offre un autre grand exemple de défection.

Malgré son royalisme absolu, malgré tout son dévouement à la personne et à l'autorité du Roi, si M. le prince de Polignac ne juge pas à propos d'abord d'accepter la Charte royale, si pendant quelque temps on l'entend dire, comme un fameux prélat: *Etiam si omnes*; à la fin, cependant, son rigorisme fléchit, M. le prince de Polignac finit par devenir, pour me servir de l'expression du temps, MONARCHIEN comme Louis XVIII.

On dit, il est vrai, que cette nouvelle défection n'est pas entière; on dit qu'elle cache des regrets ou des réserves; elle est au moins une preuve que dans les crises politiques, hors les temps des combats, les hommes les plus exagérés, après s'être bien examinés, non-seulement ne craignent pas, mais encore se font un devoir et un honneur d'abandonner tout ce qu'ils se reconnaissent d'erreurs ou de préventions : *Humanum errare.*

CHAPITRE V.

DE QUEL CÔTÉ IL FAUT TOURNER SES CRAINTES.

On vient de le voir; c'est une fortune pour la royauté et pour le pays, que la résolution qui a porté les hommes les plus honorables du parti royaliste à sortir des anciens rangs absolus, lesquels pendant long-temps avaient été l'effroi de la France. Avec ce brillant et nouveau renfort, la royauté n'a plus été vue bardée de despotisme, de jésuitisme et de lettres de cachet; elle s'est présentée sous ses véritables couleurs.

Cette circonstance, qui change du tout au tout la position des partis, semble ôter tout motif à la question qui est l'objet de ce chapitre. Il est évident qu'il n'y a plus en France qu'un seul parti à craindre.

Je me suppose au milieu, non de la chambre actuelle des députés, qui, nous arrivant de tous les départemens, peut avoir été imprégnée de l'opinion de ces départemens, mais au milieu d'une assemblée toute nouvelle, qui, nous arrivant de je ne sais où, sans impression ni prévention préalable, serait appelée à se décider entre le parti libéral et le parti absolu.

L'un, avec ses mauvaises locutions qui font honneur à la révolution de nos libertés et des avantages de la Charte, l'étonnera au premier abord. Quand elle verra ensuite des hommes considérables de ce parti dénigrer les hommes de l'ancien temps, uniquement parce qu'ils ont appartenu à cet ancien temps, lui vanter les hommes de la révolution, uniquement parce qu'ils ont appartenu à la révolution, quelque crainte pourra s'ajouter à son étonnement.

Elle se tournera alors vers le parti absolu.

Là le nom du Roi, le respect et l'affection qu'on lui porte, le nom de Dieu souvent prononcé, et le reflet imposant des choses religieuses, seront pour cette assemblée, telle que je la suppose, un objet d'édification, et lui offriront, pour les libertés publiques, une sorte de garantie. Le retour du despotisme, se dira-t-elle, est impossible. Les sermens de Louis XVIII, ceux de Reims, les qualités éminentes de plusieurs grands personnages confirmeront ces préventions favorables.

Ce ne sont pourtant encore que des impressions du premier moment. Peu à peu, revenant et sur ce parti libéral qu'elle a d'abord repoussé, et sur le parti royaliste qu'elle a d'abord adopté, lorsqu'elle verra que dans ce parti libéral un reste d'anciennes nuances démocratiques s'est déjà considérablement affaibli, et s'affaiblit de jour en jour davantage; lorsqu'elle verra, par suite de cet affaiblissement, qu'il y a, entre les hommes des deux partis opposés, des rapprochemens commencés et qui chaque jour se fortifient, lorsqu'elle verra les anciennes jalousies et les anciens ressentimens effacés, et par suite une réunion immense en faveur de la religion sans la domination des prêtres, en faveur du roi sans le pouvoir arbitraire, en faveur des libertés réglées par les lois et par la Charte, cette assemblée abandonnera probablement ses anciennes préventions.

Après cela il n'est pas impossible qu'elle voie encore quelques éclairs appartenant à l'ancien tonnerre de la révolution; ces éclairs se perdant au loin dans les espaces, au lieu de lui annoncer l'orage, lui en paraîtront la fin. Elle trouvera dans tous les esprits la conviction établie que la prospérité de la France, liée à notre système de liberté, ne l'est pas moins à l'éclat et à la prospérité de la religion, qu'à l'éclat et à la sûreté du trône.

CHAPITRE VI.

CONTINUATION DU MÊME SUJET, COMPARAISON DE LA FRANCE DE 1789 ET DE CELLE DE 1830.

Sous une écorce un peu rude, et avec des locutions quelquefois défectueuses, le parti libéral offre aujourd'hui un fonds de bons sentimens sur lequel le gouvernement du Roi peut s'appuyer et s'établir. Ce parti, qu'on appelle quelquefois encore révolutionnaire, est aux antipodes d'une révolution.

Au contraire, sous une écorce brillante et avec les démonstrations de la fidélité et du dévouement, le parti qui s'appelle royaliste me paraît celui qui recèle véritablement dans son sein des germes de bouleversement.

On dit que le parti libéral veut le renversement du trône, l'établissement d'une république, le retour de la révolution; je me demande à quelle fin, je cherche l'intérêt qu'il pourrait avoir. Je me demande ensuite quels seraient pour cela ses forces et ses moyens; où sont ses armées, où sont ses trésors.

Si je me reporte à l'année 1789, je me

trouve, si j'en ai envie, les plus grandes facilités à faire une révolution.

Peuple des campagnes, qui payez à une poignée d'hommes appelés seigneurs des dîmes, des cens, différens droits seigneuriaux, soulevez-vous, v us n'en paierez plus.

Peuples des villes, qui depuis des siècles êtes sous le joug de certains priviléges qui vous abaissent et qui vous humilient, soulevez-vous, vous en serez dégagés.

Hommes de finance, créanciers de l'état, qui craignez la banqueroute, soulevez-vous; voilà le clergé et ses biens qui offrent un gage à vos créances.

Jeunes talens, qui voyez dans les avantages de la naissance des obstacles à votre élévation, soulevez-vous, vous ferez disparaître ces obstacles.

Enfin, ambitions, cupidités, passions de toute espèce, soulevez-vous, et bientôt, au lieu des barrières et des entraves qui vous gênent, vous verrez de tous côtés des routes élargies qui mèneront à la richesse et au pouvoir.

Que craindriez-vous? la puissance du clergé? depuis long-temps le ridicule de ses discussions scolastiques et les sarcasmes de l'impiété philosophique l'ont affaiblie.

La puissance de la noblesse? depuis longtemps la féodalité a disparu. Objet d'envie pour ses honneurs, elle est sans force pour s'y maintenir.

La puissance royale; sans trésor, accablé de dettes, aux prises avec tous les corps de l'état, un Roi prétendu absolu, qui à ce titre semblerait pouvoir disposer de tout, ne peut disposer de rien. En négociation continuelle avec des parlemens, des états de province, des capitulations particulières, avec toute sorte de priviléges, le pouvoir royal cherche une voie de toutes parts, il est arrêté de toutes parts.

Toutes ces choses s'entr'aidant les unes les autres, on voit que je puis faire une belle, grande, horrible révolution. Tel a été 89.

En 1830, quel intérêt pousseroit les grandes masses de l'état à faire une révolution? Y a-t-il aujourd'hui une classe isolée, ayant des honneurs et des propriétés particulières, contre laquelle vous ayez à remuer les jalousies et les cupidités de la multitude! Je trouve bien encore chez quelques hommes nouveaux des restes d'irritation contre des restes de supériorité ancienne. Quel bonheur dans certaines écoles, si, en faisant l'appel nominal de ces morveux d'écoliers, le professeur voulait bien supprimer tous les *de!* Quel bonheur pour de petits bourgeois ou de jeunes commis, si, par un événement quel qu'il fût, les titres de duc, de comte, de marquis, venaient à être supprimés! Je ne disconviens pas que ces misères ne puissent être de petites jouissances pour de petites vanités; pourtant, il faut le dire, ce n'est pas cela qui peut faire changer la face d'une nation. Ni les révolutions, ni les bouleversemens n'auront lieu pour de telles pauvretés.

En même temps que je cherche, sans le trouver, l'intérêt que pourraient avoir les masses à faire une révolution, je cherche quels seraient leurs moyens; je ne les trouve pas davantage.

Soumise à une autorité qui penchait sans cesse vers divers partis, l'ancienne armée française, flottante comme l'autorité, entre des intérêts de cour et des intérêts de patrie, n'offrait par cela même aucun ferme appui. Au milieu de ces mouvemens d'un pouvoir délabré et démoralisé, quand Paris se fut armé, quand les prisons s'ouvrirent à des milliers de brigands, et que l'anarchie eut semé, sur toute la surface de la France, trois millions de gardes nationales; enfin, quand le trésor, délabré comme le pouvoir, eut fait place à un autre trésor factice, se renouvelant sans cesse et paraissant inépuisable; parlez-moi alors d'un bouleversement, les voies en étaient faciles, car ces premiers faits étaient eux-mêmes un bouleversement.

Mais, aujourd'hui, où serait la volonté pour l'entreprendre, où serait la puissance pour l'exécuter? Dans la vie privée, nos contentions sont prévues et décidées d'avance par un code de lois. Ce code de lois lui-même est soumis, pour son exécution, à une hiérarchie de magistrats. Plus haut, on aperçoit le souverain, ayant pour cortége un sénat, représentant les notabilités du pays; un autre sénat représentant les propriétés; trois pouvoirs travaillant ensemble à maintenir l'ordre dans toutes les parties du gouvernement. Au delà de ce tableau, j'aperçois quatre-vingts à cent mille individus formant le corps électoral. Je vois tout le monde, chacun à sa place, cherchant à remplir les fonctions qui lui sont attribuées. Je ne vois ni penchant à des troubles, ni moyen pour les effectuer.

Du côté du Roi, espérerait-on, comme en 1789, quelque facilité ou quelque faiblesse? Le trésor royal, qui était à vide en 1789, regorge ; un milliard se paie par des contribuables, qui alors pouvaient à peine payer quatre cent millions.

Pour comprendre comment ce milliard peut facilement se payer, il faut savoir que les dîmes, les cens, les rentes seigneuriales, qu'on croyait avoir supprimé au profit du peuple, l'ont été au profit du gouvernement. Tout cela est porté aujourd'hui dans la caisse du ministre des finances, sous le nom d'impôts directs. Les anciens droits de *lods* sont convertis de la même manière, et ajoutés aux droits d'enregistrement. Il en est de même des parlemens, des bailliages et des justices seigneuriales. Autrefois propriétés patrimoniales, elles sont aujourd'hui transmissibles à la disposition du Roi, et peuvent devenir, quand on voudra, des moyens de captation et de séduction.

Cette extension immense de l'autorité royale, qui, sous l'ancien régime, où on la faisait absolue, était si restreinte, et qui, au temps d'aujourd'hui, où on la dit si restreinte, est si étendue, voilà où est la force ; et, puisqu'il faut le dire, voilà où est le danger.

Au temps de l'empereur Napoléon, des hommes d'état, apercevant d'un côté la force de cet homme, d'un autre côté la faiblesse des puissances qui voulaient le renverser, pensaient avec raison qu'il ne pouvait être détrôné que par lui-même, c'est-à-dire par son imprudence et par ses fautes.

Ceux qui voudront observer la situation actuelle de la France penseront de même, que le Roi, gardé par tous les intérêts et par les affections, ne peut plus, si c'était possible, être détrôné que par lui-même; c'est-à-dire par les fautes, les imprudences où de mauvais conseillers, et spécialement le parti appelé royaliste, parviendraient à l'entraîner.

A cet égard même, ce parti, comme on va le voir, n'est pas le seul à craindre.

CHAPITRE VII.

COMMENT ET PAR QUELS INTÉRÊTS UNE RÉVOLUTION PEUT AVOIR LIEU EN FRANCE.

Tandis qu'à la différence de 1789, la puissance royale a acquis une solidité et une étendue immense, une autre puissance que la philosophie à cette époque avait déconsidérée, contenue par l'opinion publique, et encore mieux par les grands corps judiciaires, soit lorsqu'elle rivalisait de puissance avec les rois, soit lorsqu'elle se contentait comme aujourd'hui de tracasser et de persécuter les citoyens; le clergé qui, lorsque les rois se sont faits ses auxiliaires, s'est toujours fait l'auxiliaire des rois, aujourd'hui, pauvre et affamé, cherche à subjuguer la nation par le Roi. Quand cela sera fait il s'occupera à subjuguer le Roi par la nation. Accolé aujourd'hui à la puissance royale, il marche publiquement avec elle; il attend le moment de la placer et de se placer lui-même avec elle hors de toutes limites.

Pour comprendre comment cette puissance a intérêt à une révolution, c'est-à-dire, en d'autres termes, à l'anéantissement de la Charte, il suffit de réfléchir que la Charte a pour objet la liberté civile, et que le moindre symptôme de liberté civile est à ses yeux un commencement d'obstacle à la servitude religieuse qui est dans ses desseins. Pour parvenir à cette servitude, elle est obligée de cerner les consciences, de les désoler, de les tracasser, jusqu'à ce que d'une manière ou d'une autre elle les ait courbées sous le joug; et comme dans cette lutte, où une partie de la population se soumet, il y a une autre partie qui se défend, furieuse contre ceux qui repoussent le glaive de Pierre, elle appelle à son secours le glaive de Constantin, en s'efforçant, selon le vœu de Bossuet, de les unir l'un à l'autre : *Gladium gladio copulemus.*

C'est à ce prix que la puissance dont je parle prêche partout, d'une manière perfide, l'obéissance au pouvoir : étant prévenue d'avance que le pouvoir prêchera de même l'obéissance aux prêtres.

La folie des hommes qui s'appellent royalistes jette pour l'avenir des semences de sédition et de révolte; la folie des prêtres et de leurs adhérens jette de même, pour l'avenir, des semences d'impiété et d'athéisme. C'est un fait dont je suis témoin. Nos campagnes, que j'avais vues si religieuses dans les premiers temps de la restauration, se dépeuplent chaque jour de foi et de fidèles. Sous la révolution, sans prêtres, il y avait de la religion; avec les prêtres, tels que nous les avons dressés, il y en a déjà moins; si cela continue, bientôt il n'y en aura plus.

Il y a un monsieur Appert, homme bienfaisant et généralement considéré, qui veut bien parcourir depuis quelque temps, sur toute la France, les prisons. Quand il aura fini, qu'il vienne visiter nos campagnes, et observer de même les usages et la conduite des prêtres. Pour cela qu'il se munisse de papier. Il lui en faudra beaucoup pour mentionner les violences, les outrages, les excès, les abus de tout genre que commettent, sous l'autorité de leurs évêques, gangrenés pour la plupart d'ultramontanisme et de jésuitisme, de jeunes prêtres, souvent d'un bon naturel, mais que l'on pousse par le sentiment du devoir à une infraction continuelle de leurs devoirs.

On s'étonne de ce que, dans quelque partie, la religion soit devenue un objet de haine. Si les magistrats faisaient au nom de la justice la moitié de ce que font les prêtres au nom de la religion, la JUSTICE finirait par être en France un objet d'horreur.

Les anciens canonistes nous ont parlé souvent de la puissance temporelle et de la puissance spirituelle; ils ont parlé des précautions que ces deux puissances doivent prendre l'une envers l'autre pour se garantir de tout envahissement. J'ai entendu les doctes d'aujourd'hui traiter de la même manière cette question. Je voudrais demander à ces doctes si à leur avis ces puissances, dont ils parlent toujours uniquement, n'auraient pas des sujets, et si par hasard ces sujets n'auraient pas aussi des droits.

Si je ne me trompe, les sujets de la puissance temporelle, sont ce qu'on appelle les *citoyens*. Les sujets de la puissance spirituelle, sont ce qu'on appelle les *chrétiens*. Je n'ai jamais entendu dire que l'article 4 de la Charte, qui proclame la liberté des *citoyens*, dût s'entendre seulement de la liberté des ministres. Comment se fait-il que, selon M. de Cormenin, l'article 5, qui proclame la liberté religieuse, ne doive s'entendre que de la liberté des prêtres?

Un de nos plus habiles jurisconsultes a avancé que le prêtre doit exercer dans la société un droit de pénalité, c'est-à-dire que les refus, les outrages, les humiliations de tout genre doivent être laissés à sa discrétion. Cela s'exécute en effet. Les sévices les plus scandaleux, s'ils ont lieu dans les églises ou dans l'exercice des fonctions sacerdotales, au lieu d'être réprimés, comme autrefois, par les juges ordinaires, sont devenus justiciables d'un ordre de juges qu'on a composé en quelque sorte exprès, afin qu'aucun jugement ne pût être prononcé. Je demande si un tel état de choses est supportable.

Il semble, à entendre certaines personnes,

qu'il n'y ait parmi les prêtres que quelques délits en petit nombre, délits que la malveillance cherche à exagérer. J'affirme que ces délits couvrent la France; mais c'est moins encore par leur nombre qu'ils effraient que par l'impunité qu'on cherche à leur assurer.

Dans cette occurrence, il est beau d'entendre celui-ci nous donner pour ressource l'irréligion, celui-là le protestantisme. Le premier ne fait pas attention que, selon la nature humaine telle qu'elle est faite, une irréligion totale est impossible; et que, d'ailleurs, selon les habitudes qui ont lié depuis longtemps l'une à l'autre la religion et la morale, l'irréligion, qu'on présente ici comme un remède, deviendrait un fléau.

A l'égard du protestantisme, on ne considère pas que changer la religion ou de religion est une chose également violente pour les individus et pour les sociétés. Soit croyance, soit habitude, religion pour religion, chacun préfère la sienne.

Ce système de tyrannie et de vexations de tous genres dont s'embarrassent fort peu les indifférens, système qui réjouit les impies, satisfaits de voir la religion se perdre et se dégrader, que supporte avec dévotion une coterie amoureuse du joug des prêtres, déplaît à des hommes religieux d'un esprit raisonnable, irrite des hommes fiers qui voudraient avoir en même temps la paix et la foi. Ces hommes sont importuns parce qu'ils voient les v ces; on ôter la lumière. Ils sont importuns encore, parce qu'ils s'en plaignent; ou voudrait leur ôter laparole. On demande quel intérêt ont les prêtres à un bouleversement. Ne fût-ce qu'à cause de la liberté de la presse, les délits d'un certain ordre et les ridicules qu'elle publie, le parti-prêtre s'efforcerait nécessairement d'abolir la Charte qui autorise cette liberté. Il sent qu'il ne peut tenir aux censures et aux dérisions dont sa conduite est l'objet.

Je viens de parler du parti prêtre. Il ne faut pas croire que ce parti soit seulement dans les prêtres; il est bien plus encore dans un ordre de laïcs qui, adonnés à je ne sais combien de pratiques de la vie dévote dont ils voudraient s'honorer, ne peuvent supporter que ces pratiques deviennent pour eux un sujet d'humiliation.

Un célèbre médecin de Paris avait jugé à propos, dans un certain temps, d'avoir une belle collection de reliques dont il faisait ostentation. Tant que cette ostentation lui a valu de l'admiration et de la faveur, il l'a continuée; quand il a appris qu'elle lui donnait du ridicule, il s'est hâté de cacher ses reliques dans des armoires. La nécessité de ces précautions, cette perspective continue de la dérision dont le public poursuit des pratiques qu'on voudrait voir honorer, tout cela est déplaisant, tout cela est irritant. Une société faite de manière à ce que les choses, les plus saintes, y soient un objet de mépris, est une société monstrueuse, corrompue, qu'il faut changer. Si cette société a la liberté de la presse, il faut l'abolir; si cette liberté est écrite dans une Charte, il faut l'effacer en même temps que cette Charte.

CHAPITRE VIII.

DE LA CONFIANCE QU'IL FAUT AVOIR DANS LES DÉCLARATIONS ET DANS LES SERMENS.

On croit avoir éloigné toute idée de danger, en disant que le Roi a promis et juré d'observer la Charte. Certainement les vertus privées du Roi, sa haute piété, sa bonté naturelle ne permettent d'élever à cet égard aucun soupçon. Il faut pourtant qu'une chose, qui est dans sa volonté, soit de même dans son pouvoir. Si des esprits hostiles et tracassiers venaient à brouiller les principes de manière à ce qu'une partie de la Charte parût en opposition avec une autre, quelle est la partie qu'il faudrait préférer? Le Roi a juré de défendre nos libertés; mais il a juré aussi de défendre les droits de sa couronne, liés au système des libertés. Le Roi a juré encore de conserver et de protéger la paix de son royaume. Or, si, par des combinaisons artistement préparées, on composait une situation dans laquelle le Roi ne croirait pouvoir observer littéralement le texte de la Charte relatif à nos libertés sans compromettre les droits de sa couronne et la paix de l'état, ces deux objets de son serment, mis en présence l'un de l'autre, et opposés l'un à l'autre, pourraient, avec les meilleures dispositions du monde, lui causer de l'embarras.

Ce n'est pas ici un cas particulier. L'histoire nous apprend que ni les Rois, ni les princes, ni les généraux, ni aucun des grands et éminens personnages qui se jettent dans un certain cours de choses ne peuvent être sûrs finalement de la route qu'ils tiendront.

Laissons là les promesses de Louis XI et de Tibère. En restant dans l'histoire de notre temps, lorsque M. Pastoret et M. de Vaublanc parlaient à l'assemblée de 1792, l'un contre la religion, l'autre contre les princes, ils étaient probablement de bons et de francs jacobins. Peu à peu, lorsque la suite des événemens les a éclairés, ils sont devenus ce qu'ils sont aujourd'hui, des hommes pieux et de bons royalistes. Et Dumourier! et Pichegru! et Moreau! Si une diseuse de bonne aventure leur avait prédit au début leur conduite future, ils auraient été sûrement bien étonnés.

Je citerai un autre exemple et je le prendrai plus haut.

Personne n'ignore les sermens, les déclarations, les promesses prodiguées par don Miguel à l'empereur d'Autriche, au roi d'Angleterre, à son frère don Pedro, relativement à la légitimité de *dona Maria da Gloria.* J'ai lieu de croire que, dans le principe, ces actes ont été tout-à-fait sincères. Arrivé en Portugal, lorsqu'on a fait entendre à ce prince que ces promesses étaient inexécutables, qu'étant roi par lui-même, il n'avait pas eu la puissance de se détrôner et de priver ses sujets du bonheur de son règne, il a bien fallu se rendre et laisser les prêtres le délier de ses sermens.

En citant ces exemples, je ne prétends les appliquer, en thèse générale, qu'à ce seul principe, à savoir qu'au milieu de la confusion facile à introduire dans les stipulations les plus positives et dans les droits les plus clairs, la faiblesse humaine est telle, qu'en fait de droits politiques, les sermens, les déclarations, la volonté même la plus honorable et la plus franche ne suffisent pas aux peuples pour leur sauve garde ; il faut que les libertés aient, en quelque sorte, leurs racines dans le sol ; ce n'est que de cette manière que le tronc peut pousser des branches et les branches porter des fruits.

Les violations qui en ce genre sont très-communes, ne se font pas toujours comme celles de don Miguel, d'une manière brusque. En France surtout on y met plus de ménagement; c'est au point, qu'insensibles dans le principe, elles ne s'aperçoivent souvent que quand elles sont consommées.

Malgré les lois, malgré le repoussement général, voulez-vous avoir des jésuites? vous les aurez ; mais ce sera d'abord sous un nom emprunté. De cette manière, pendant long-temps, les amis et les affidés seuls les reconnaîtront.

Les voilà établis. Actuellement voulez-vous leur donner l'instruction publique et faire tomber les universités? M. Frayssinous, grand-maître de l'instruction publique, vous enseignera, ce qu'il faut faire. « Monsieur, ne me » parlez pas de jésuites, vous dira-t-il en

» riant; parlez-moi seulement de séminaires. »

Bientôt ces séminaires eux-mêmes seront transformés, contre la loi, en écoles laïques. Il y en aura ainsi d'abord deux, ensuite quatre, ensuite huit; ensuite, à l'aide des missions et des congrégations, on essaiera d'en couvrir la France. Eh bien! alors même quelques personnes s'obstineront à affirmer qu'il n'y a pas de jésuites en France.

A la fin il a été reconnu que tout ce manége était une prévarication. Les jésuites ont alors abandonné leurs écoles, mais ils n'ont point abandonné leurs maisons; il y a un parti ultramontain qui a réclamé en leur faveur les prérogatives du saint siége; ce parti s'est trouvé en alliance avec un parti jacobin qui a réclamé pour eux les droits de l'homme.

Telle est aujourd'hui la marche du parti qui s'appelle royaliste; en alliance avec le parti prêtre, il cherche à placer le Roi, qui a juré d'observer la Charte, entre les droits du trône et les droits des peuples qui s'y trouvent également stipulés.

CHAPITRE IX.

DE L'INTERVENTION DU ROI ET DES CHAMBRES DANS LE DÉMÊLÉ DES PARTIS.

Tant que les prétentions, se débattant et s'échauffant réciproquement, n'ont eu pour théâtre que cet espace vague où l'on place l'opinion, les craintes ont pu se mêler d'espérance, et du moins aucune contention sérieuse ne s'est encore engagée. Il n'en a pas été de même lorsque le Roi, comme les dieux d'Homère, s'est montré dans le combat. Nous avons eu d'abord une ordonnance du 8 août; cette ordonnance a fait aussitôt éclater les mouvemens. Pendant quelque temps; rassuré par la conscience de ses intentions bienfaisantes, le monarque a pu regarder ces murmures comme l'effet d'*insinuations malveillantes*; il a appelé les chambres et demandé leur concours pour les repousser. Il ne s'en est pas tenu là, il a semblé prévoir le cas où ce concours lui manquerait, il a annoncé des mesures qui ont paru extraordinaires. Il en a appelé à l'amour et à la fidélité des Français.

Ce discours, auquel la Chambre des pairs, commandée par sa position, a moins répondu qu'éludé de répondre, a occasioné de la part de la Chambre des députés des observations contre lesquelles la coterie royaliste s'est élevée. Avant de s'expliquer à cet égard, il faut se demander ce que c'est que le ministère actuel, dans quel esprit et pour quel objet il a été formé. Si d'après le caractère des personnes et la nature des circonstances ce ministère a pu être raisonnablement un objet d'alarme, il ne reste plus qu'à examiner : 1°. si la Chambre des députés, avertie de ces alarmes, et les partageant, a été autorisée à faire part au Roi de l'impression du public et de la sienne; 2°. si lorsque le Roi, dans son discours d'ouverture, lui a demandé son concours, la Cham- des députés, en présence des ministre, tels qu'ils lui sont connus, a pu se dispenser d'énoncer que ce concours était impossible, et de quelle manière elle a dû l'énoncer.

CHAPITRE X.

CARACTÈRE DES MINISTRES. — OBJET DU MINISTÈRE.

Si l'ordonnance du 8 août, en éloignant de la confiance du Roi des ministres qu'on savait être éminemment constitutionnels, n'avait fait apparaître à leur place que des hommes tels que MM. de Chabrol et d'Haussez, personnages réputés habiles dans les matières d'administration, et tout-à-fait inoffensifs relativement à nos droits politiques, on aurait pu croire que cette habileté spéciale motivait suffisamment leur nomination. Même à l'égard de M. le prince de Polignac, si le public avait pu croire qu'il n'y avait dans le choix qu'on a fait de ce grand personnage que le simple mouvement d'affection qu'on sait le lier plus particulièrement au Roi, et qu'après cela des ministres d'un calibre vraiment constitutionnel eussent pu conserver la haute main dans les affaires d'état, personne n'aurait eu le droit de se plaindre et de murmurer.

Mais ce n'est pas ainsi, ce n'est pas dans un sens d'administration ou d'affection que le nouveau ministère a été créé, c'est dans un sens de politique générale, c'est dans un sens de prérogative royale à étendre, de liberté publique à restreindre. C'est ce que M. Guizot a fort bien établi à la tribune le jour de la séance secrète; il a dit :

« Sous quels auspices, messieurs, au nom » de quels principes le ministère s'est-il for- » mé! Au nom du pouvoir menacé, de la » prérogative royale compromise, des inté- » rêts de la couronne mal compris et mal sou- » tenus par ses prédécesseurs; c'est la bannière » sous laquelle il est entré en lice, la cause » qu'il a promis de faire triompher. »

Cet objet entendu (et il n'a été contesté par personne), ce n'est plus, comme on l'aurait pu croire, faute d'habileté et de talent que le ministère Martignac a été congédié, c'est uniquement pour ses principes constitutionnels, c'est comme étant en opposition à des doctrines et à un parti absolus. Ce seul point de la situation devait être un objet d'alarmes. Le caractère connu des nouveaux ministres, ou du moins de ceux qu'on sait être prépondérans, a dû les confirmer.

Au premier abord, celui qui a paru en

première ligne, c'est M. le comte de Labourdonnaie, connu depuis long-temps par ses opinions absolues et par ses catégories.

Quand on a vu en même temps M. le prince de Polignac, on a pu se rappeler ses premiers dégoûts de la constitution et de toute espèce de constitution. On s'est rappelé encore mieux son affiliation aux jésuites et à la congrégation. Il serait possible de produire encore aujourd'hui la liste présentée à cet égard à un grand personnage, et dans laquelle M. de Polignac était inscrit au second rang.

Après lui on a vu M. de Montbel connu à la Chambre des députés par son apologie des jésuites ainsi que du ministère *déplorable*.

On a vu paraître ensuite, comme garde des sceaux, M. de Courvoisier, connu à Lyon par sa fièvre de missions et de processions. Ce ne serait encore là qu'un travers d'esprit. Comme procureur général on a des choses plus importantes à lui reprocher. C'est l'affectation qu'il a mise, non-seulement à tolérer, mais à favoriser en dépit des lois l'institution des jésuites, que, comme magistrat, il aurait dû dénoncer et réprimer : c'est plus que cela encore. Après les ordonnances du 16 juin, comment comprendre le sentiment qui l'a porté à suivre ces mêmes jésuites et à les poursuivre avec ses enfans jusqu'à Fribourg?

A la suite de ces personnages qui sont sur le devant de la scène, quand on voit en seconde ligne, et dans la plus grande faveur, des hommes tels que M. Frayssinous, ce grand propagateur des séminaires jésuitiques, M. de Croï, M. Tharin, et tous les autres ultramontains, fauteurs de missions et de processions; quand on voit les journaux voués à ce parti en proclamer solennellement les doctrines, parler avec menace de coups d'état, et rôder continuellement autour de la constitution et de la Charte, comme les incendiaires autour des maisons avant d'y mettre le feu, comment n'avoir pas quelque crainte sur le véritable objet de l'ordonnance du 8 août, et sur les intentions du ministère qu'elle a produit?

CHAPITRE XI.

CONVOCATION DES CHAMBRES. — OUVERTURE DE LA SESSION. — DISCOURS DU ROI.

On a vu qu'il existe en France, en opposition au parti constitutionnel, un parti pour lequel le prince régnant est censé posséder à lui seul le pouvoir tout entier, c'est-à-dire sans concours, sans limite, sans partage. Pour ce parti, on ne peut pas dire précisément que la Charte ne soit rien ; c'est au moins peu de chose : un simple instrument dont le Roi se sert et dispose à son gré. Ce qui compose ce parti, ce n'est pas seulement une coterie de cour, appuyée par des coteries de salon, ayant à son service les trésors de l'État, les places et la force publique, c'est encore toute une hiérarchie de prêtres, régnant sur vingt-cinq millions de consciences, et offrant d'unir le *glaive de Pierre* au glaive de Constantin. Se balançant depuis long-temps entre ces deux partis, dont l'un est réputé éminemment constitutionnel, mais pas assez royaliste; l'autre éminemment royaliste, mais pas assez constitutionnel, la France était arrivée enfin à un ministère Martignac, qui semblait réunir ces deux qualités dans une juste mesure. Avec ce ministère elle avait sécurité pour ce qu'elle possède, espérance pour ce qui lui manquait. Le 8 août ce ministère disparaît; cet événement est un objet de douleur : un nouveau ministère est appelé au pouvoir; il est pris dans les rangs absolus du parti prêtre : ce nouvel événement est un objet d'effroi.

Aux temps de la censure l'expression de cette douleur eût été étouffée ; rien n'en serait parvenu jusqu'au monarque. Au temps de la liberté les plaintes se font entendre, les journaux les répètent : elles arrivent aux oreilles du monarque. Comment y arrivent-elles? Est-ce comme des doléances ou de simples alarmes? Non, comme quelque chose de séditieux, comme un attentat aux droits de la couronne. Cet attentat est un premier objet d'inquiétude pour le monarque. Ce sentiment est transmis aux Chambres de la manière suivante :

« Messieurs,

» Le premier besoin de mon cœur est de voir la France, heureuse et respectée, développer toutes les richesses de son sol et de son industrie, et jouir en paix des institu-

» tions dont j'ai la ferme volonté de consoli-
» der le bienfait. La Charte a placé les libertés
» publiques sous la sauve garde des droits de
» ma couronne. Ces droits sont sacrés. Mon
» devoir envers mon peuple est de les trans-
» mettre intacts à mes successeurs. »

A ce paragraphe s'en joint un autre où les couleurs sont encore plus renforcées.

« Pairs de France, députés des départemens,

» Je ne doute pas de votre concours pour
» le bien que je veux faire. Vous repousserez
» avec mépris les perfides insinuations que la
» malveillance cherche à propager. »

Dans un troisième paragraphe le Roi ne s'en tient plus à cette demande : il suppose que ce concours lui échappera. Il semble supposer plus encore :

« Si de coupables manœuvres suscitaient à
» mon gouvernement des obstacles que je ne
» peux pas, que je ne veux pas prévoir, je
» trouverais la force de les surmonter dans ma
» résolution de maintenir la paix publique,

» dans la juste confiance des Français, et dans
» l'amour qu'ils ont toujours montré pour
» leurs rois. »

On remarquera ici qu'il n'est plus question des chambres ni de leur concours. Le Roi ne paraît occupé que de sa seule volonté et des moyens de la faire prévaloir. Au lieu de conseiller au Roi un paragraphe conçu en termes absolus et menaçans, les ministres devaient lui faire observer qu'aux termes de la Charte l'assentiment des chambres aux propositions législatives du Roi est spontané, qu'il peut être obtenu par la persuasion, mais non pas par la crainte.

C'est ainsi qu'ont achevé de se dévoiler des vues absolues et impérieuses, qu'avec un peu de sagesse on aurait dû ne pas avoir, qu'avec un peu de prudence on aurait dû ne pas montrer; c'est ainsi qu'une situation déjà grave a achevé de s'aggraver.

CHAPITRE XII.

DU DROIT DE CHOISIR LES MINISTRES.

Cela ne peut pas même faire une question. Sur ce point les droits du Roi sont incontestables. Jusqu'ici seulement ces droits s'étaient exercés à l'égard des chambres dans une mesure de conciliation et de bonté. Dans toute espèce de gouvernement constitutionnel, ces procédés d'égard et de ménagement sont consacrés. On peut dire même qu'ils sont indispensables. Les ministres n'ont pas seulement des rapports avec le Roi, ils en ont aussi avec les chambres. Ils leur sont même en quelque sorte subordonnés, puisqu'ils sont sous leur surveillance, et, de plus, reprochables et accusables. Ces rapports étant aussi intimes et aussi continus, il est de la bonté du Roi de les rendre supportables; ils ne le seraient pas avec des hommes qui apporteraient aux chambres des desseins et des vues notoirement antipathiques. Chargée par ses commettans du dépôt de la constitution et des lois, ainsi que de la fortune publique, le devoir de la chambre les députés n'est pas seulement de les défendre au moment où elles sont attaquées, mais encore de se mettre en attitude de les défendre aussitôt qu'on se met en attitude de les attaquer.

Le Roi a droit de choisir ses ministres. Qui le conteste? Louis XVIII put appeler ainsi à ses conseils un des assassins de son frère. Le corps électoral, qui a aussi le droit de choisir les députés, choisit M. l'abbé Grégoire, se fondant sur l'article 11 de la Charte, *qui prescrit aux juges et aux citoyens l'oubli de toute opinion et vote émis avant la restauration.* Qui sait, d'après ce principe absolu, ce qui nous arrivera? Le Roi a droit de nommer ses ministres. Il peut demain nommer M. Cottu et M. Madrolle, si cela lui convient. Il peut même nommer le père Ronsin. Des ministres notoirement républicains, qui seraient nommés par le Roi, pourraient affliger et effrayer les royalistes. Des ministres notoirement congréganistes et partisans des jésuites peuvent de même effrayer des partisans des libertés et de la Charte. Ce n'est pas contester la légalité que contester la convenance. Dans ce cas, le public, qui est le premier à en souffrir, a aussi le droit de s'en plaindre.

CHAPITRE XIII.

RÉPONSE DES CHAMBRES AU DISCOURS DU ROI.

Je n'ai pas besoin d'entrer ici dans beaucoup de détails au sujet des caractères qui me paraissent différencier la Chambre des pairs et la Chambre des députés. Ainsi que leur composition, leur mission me paraît distincte : l'une et l'autre représentent sûrement le corps social, mais non pas de la même manière. Une spécialité locale est le caractère distinctif de la seconde Chambre ; ce qui fait qu'on dit d'elle : *les députés des départemens.*

Cette spécialité, qui la met plus à même de connaître les douleurs et les plaintes du pays, lui impose le devoir de s'en regarder auprès du Roi comme l'organe, et lui donne une espèce d'autorité officielle pour les transmettre. Les pairs n'ont pas plus ignoré que les députés les murmures de la France; mais n'étant pas dans la même position que la Chambre des députés, ils se sont contentés de résister aux sollicitations qui leur ont été faites pour entrer dans les vues du discours du Roi : ils ont, à cet égard, éludé d'y répondre.

Il n'en pouvait être de même de la Chambre des députés.

Trois modes de réponse ont été proposés : le premier devait se borner à des félicitations, des remercîmens et autres formules d'acquiescement. Ce mode convenait au côté droit de l'assemblée, mais ne convenait qu'à lui.

Le second mode, qui consistait dans une simple mention des plaintes publiques, a composé l'amendement de M. de Lorgeril. Cet amendement est remarquable ; il a eu des partisans respectables dans la Chambre et au dehors. Après avoir énoncé, comme dans l'adresse de la commission, les nombreux bienfaits du Roi, cet amendement consistait à ajouter :

« Cependant, Sire, notre bonheur, notre » conscience, la fidélité que nous avons jurée » et que nous garderons toujours, nous im» posent le devoir de faire connaître à Votre » Majesté qu'au milieu des sentimens una» nimes de respect et d'affection dont votre » peuple vous entoure, de vives inquiétudes » se sont manifestées à la suite des change» mens survenus depuis la dernière session.

» C'est à la haute sagesse de Votre Majesté
» qu'il appartient de les apprécier, et d'y ap-
» porter le remède qu'elle jugera convenable.
» Les prérogatives de la couronne placent
» dans vos mains augustes les moyens d'assu-
» rer, entre les pouvoirs de l'etat, cette har-
» monie constitutionnelle, aussi nécessaire à
» la force du trône qu'au bonheur de la
» France. »

Cette proposition, qui ne présentait de la part de l'assemblée aucune opinion personnelle sur les ministres, qui énonçait seulement des plaintes qu'on regarde quelquefois comme insolentes, et qu'on aurait regardées au moins comme vagues, ne pouvait amener de la part du Roi aucune démarche précise; elle n'offrait ainsi aucune espérance, et elle présentait des dangers.

Déjà il était convenu entre les ministres de s'en accommoder, ou du moins de n'en tenir compte. Dès le lendemain ils seraient arrivés à la Chambre. Ils auraient fait sortir de leurs portefeuilles de beaux projets vernissés d'une couleur populaire, de manière à ce que l'assemblée, en les adoptant, aurait paru adopter le ministère; en les repoussant, se serait donné un air de chicane et de tracasserie. Dans les discussions, des plaintes se seraient-elles exhalées? on les aurait traité de rêveries. Des accusations se seraient-elles élevées? on les aurait traité de folies. Au milieu d'une foule de petits intérêts, que le ministère aurait eu le temps de tenter et de sonder, continuant, comme il le fait aujourd'hui, à empoisonner de ses créatures toutes les parties de l'armée, de l'administration, de la justice, il aurait pu attendre le temps où, pouvant se développer avec plus de franchise, il se serait senti assez de force pour proposer l'abolition de la loi électorale, celle de la presse et tout le système anti libéral qu'on sait être dans ses vues.

Tels eussent été certainement les résultats de l'amendement de M. de Lorgeril. Les craintes de l'assemblée à ce sujet ont été d'autant plus raisonnables, que placée entre l'éclat du trône et les avantages de la Charte, entre l'amour du prince, si naturel aux Français, et l'amour des libertés, si nouveau, et peut-être aussi un peu teint du langage révolutionnaire, elle avait contre elle des moyens immenses de captation et de séduction : une fois dépopularisée, la majorité, qui y est à présent si forte et si compacte, pouvait d'un moment à l'autre être dispersée. En effet, depuis l'assemblée *introuvable*, jusqu'au moment présent, combien de fois l'opinion des Chambres et celle de la France n'ont-elles pas changé! Ces anciennes fluctuations, sur lesquelles s'appuyaient les espérances du côté droit et celles du ministère, pouvaient être un objet d'inquiétude. En inspirant des méfiances elles ont pu autoriser des précautions. D'après ces considérations, l'assemblée a dû rejeter l'amendement de M. de Lorgeril. Elle n'a pas voulu se contenter de mentionner les mécontentemens, elle a regardé, et avec raison, comme de son devoir, D'EN DÉVOILER LA CAUSE.

CHAPITRE XIV.

RÉPONSE DE L'ASSEMBLÉE

« SIRE, la Charte! que nous devons à la sagesse de votre prédécesseur et dont V. M. » a la ferme volonté de consolider le bienfait, consacre comme un droit l'intervention du pays dans la délibération des intérêts publics. Cette intervention devait être, » et elle est en effet indirecte, sagement mesurée et circonscrite dans des limites exac-

» tement tracées, que nous ne souffrirons ja-
» mais que l'on ose franchir; mais elle est
» positive dans son résultat; car elle fait du
» concours permanent des vues politiques de
» votre gouvernement avec les vœux de votre
» peuple, la condition indispensable de la
» marche régulière des affaires publiques.

» Sire, notre loyauté, notre dévouement
» nous condamnent à vous dire que ce con-
» cours n'existe pas. Entre ceux (les ministres),
» qui méconnaissent une nation si calme, si
» fidèle, et nous qui, avec une conviction pro-
» fonde, venons déposer dans votre sein les
» douleurs de tout un peuple jaloux de l'es-
» time et de la confiance de son Roi, que la
» haute sagesse de Votre Majesté prononce.
» Ses royales prérogatives ont placé dans ses
» mains les moyens d'assurer, entre les pou-
» voirs de l'état, cette harmonie constitution-
» nelle, première et nécessaire condition de la
» force du trône et de la grandeur de la
» France. »

Cette réponse, pleine de respect et de sentimens d'affection, paraît avoir excité la colère des ministres. Cependant, comme ils avaient bien voulu s'accommoder de l'adresse de la Chambre des pairs, ils auraient pu, ce me semble s'accommoder de celle-ci bien qu'elle soit un peu plus rude. On pouvait faire répondre au Roi tout ce qu'on aurait voulu sur les préventions de la Chambre des députés, et annoncer d'avance des projets tellement avantageux, tellement populaires, que cette chambre, mieux instruite, serait forcée d'accorder au nouveau ministère, non-seulement son concours, mais encore son appui et sa faveur.

En vérité, dans la position où s'était mis le ministère, c'est, je crois, le parti qu'il devait prendre.

Point du tout : le Roi a répondu au président de la Chambre :

« Monsieur,

» J'ai entendu l'adresse que vous me pré-
» sentez au nom de la Chambre des députés.
» J'avais le droit de compter sur le concours
» des deux Chambres pour accomplir tout le
» bien que je médite. Mon cœur est affligé de
» voir les députés des départemens déclarer
» que, de leur part, ce concours n'existe
» pas. Messieurs, j'ai annoncé mes résolutions
» dans mon discours d'ouverture de la session.
» Ces résolutions sont immuables : l'intérêt

» de mon peuple me défend de m'en écarter.

» Mes ministres vous feront connaître mes » intentions. »

Ils les ont fait connaître en effet : les Chambres ont été prorogées.

CHAPITRE XV.

DES EFFETS ET DES SUITES DE LA PROROGATION.

Les Chambres prorogées ! Qu'est-ce à dire ? Une prorogation ajourne les difficultés, elle ne les résout pas. Au 1er. septembre, terme de la prorogation, elles se reproduiront; auparavant, si la prorogation se change en dissolution, une nouvelle Chambre reparaîtra. Le même ministère tenant, il aura à comparaître devant cette Chambre comme devant la précédente. Déjà, et par avance, le Roi, invoquant à son aide *la confiance et l'affection des Français*, a fait contre la Chambre une sorte d'appel au peuple. Si le peuple, qui a composé la Chambre actuelle, la renvoie ou en envoie une pareille, comment se formera le concours de cette Chambre avec des ministres déjà reconnus incompatibles? Cependant comme on a fait annoncer au Roi des résolutions immuables, que résultera-t-il de cette étrange collision de deux volontés également immuables? La voix des ministres, qui n'est pas toujours pour le pays celle du Roi, est bien d'un côté; mais la voix de l'assemblée, qui est toujours censée celle du pays qui l'a envoyée, est d'un autre côté. Pour obtenir entre l'assemblée et le ministère le concours que les ministres ont fait demander au Roi en termes impérieux et menaçans, il faudra que l'assemblée fausse ses opinions pour prendre celles du ministère, ou que le ministère fausse ses opinions pour prendre celles de l'assemblée. En d'autres termes, il faudra que le Roi se défasse du ministère ou de l'assemblée, et non-seulement de l'assemblée actuelle, mais de toute espèce d'assemblée, puisque, comme cela est probable, une assemblée nouvelle sera composée dans les mêmes vues et dans le même esprit.

Tel est le défilé dans lequel de mauvais conseillers ont placé la France et la couronne. Examinons comment on en pourra sortir.

CHAPITRE XVI.

COMMENT CELA SE TERMINERA.

La contention actuelle, par sa nature, est telle que, placée entre la liberté et l'autorité, elle appelle d'un côté la puissance du trône, en dernière analyse la force des armes ; d'un autre côté, toutes les forces de la Charte ; en dernière analyse, le droit de refuser l'impôt.

Contre une puissance immense qui a à son aide une autre puissance dominant les consciences, il est bien heureux que dans la Charte il se trouve un autre grand pouvoir. De même que le Roi a le droit de nommer ses ministres d'une manière absolue, la Chambre des députés a le droit d'accorder ou de refuser l'impôt, peut-elle exercer ce droit d'une manière absolue ?

Il y a à cet égard une observation à faire : c'est que notre Charte n'a pas été, comme tant d'autres dans divers pays, emportée de violence dans des commotions populaires, ou arrachée à la faiblesse d'un souverain. Elle a été librement et paisiblement octroyée par un Roi à un peuple respectueux et soumis. Le droit de concéder ou de refuser l'impôt qui y est énoncé, et qui se rapporte aux anciennes libertés de la France, ne peut être regardé comme une concession faite avec légèreté.

Dans notre législation, les contentions s'interprètent toujours contre le vendeur. Pourquoi ! Le droit romain nous en dit la raison : parce que c'était la chose du vendeur et qu'il a pu l'énoncer plus clairement : *Quia rem suam potuit apertius dicere.* Lorsqu'en opposition à la prérogative royale, Louis XVIII a stipulé comme condition du pacte, que les Chambres auraient le droit d'accorder ou de refuser l'impôt, c'était bien de sa chose qu'il traitait, et il l'a énoncé clairement, parce qu'il la connaissait parfaitement. En posant le principe il a accepté les conséquences.

Des inconvéniens ! je ne les conteste point. Dans une crise, où la Chambre regarderait comme engagée l'intégrité des lois et les libertés du pays, elle serait inexcusable de se laisser arrêter par des inconvéniens.

Il y a à cet égard de grands exemples.

Et d'abord on sait qu'en dépit des inconvéniens attachés au manque subit d'instituteurs dans toutes les parties de l'instruction pu blique, les évêques de France n'en jugèrent pas moins à propos, au premier abord, de repousser les ordonnances du 16 juin. Ils dirent : Nous ne pouvons pas ; *non possumus*.

Dans des temps qui ne sont pas très-anciens, toutes les fois que le pape a pu croire que les actes du Roi de France portaient atteinte aux droits du saint-siége, ou bien il a mis le royaume en interdit, ou bien il s'est contenté, comme dans l'affaire de la déclaration du clergé, de 1682, de refuser sa sanction aux évêques nouvellement nommés. Il ne s'est nullement occupé de l'inconvénient de laisser sans évêques un grand nombre de diocèses.

Dans le même esprit, lorsque les parlemens ont pu croire les lois fondamentales menacées par des actes de nos rois, leurs remontrances réitérées demeurant sans réponse, ils n'ont pas craint de se retirer de leurs siéges et de priver les peuples de l'administration de la justice.

Aujourd'hui, s'il arrive que l'assemblée se trouve réellement menacée dans son existence ainsi que dans les libertés publiques qui sont sous sa garde, il faudra lui pardonner, contre des maux extrêmes, d'avoir recours à des remèdes extrêmes. Il faudra lui pardonner d'apporter à l'état des maux momentanés pour la préserver de maux durables.

CHAPITRE XVII.

DERNIÈRE RESSOURCE DE LA COTERIE QUI S'APPELLE ROYALISTE.

Il faut absolument que les nouvelles élections soient faites dans le sens de M. le prince de Polignac. Si par malheur cela n'était pas ainsi, si les Chambres (ces premiers conseillers de la couronne), avaient la hardiesse de vouloir aviser de nouveau le Roi sur un état de choses qu'elles regarderaient comme un germe de troubles, on nous avertit d'avance du résultat.

Le Journal des Débats, dans sa feuille du 4 avril, avait dit :

« Quand les nouvelles élections seront fai-
» tes, quand la majorité actuelle reviendra
» plus nombreuse, quand il n'y aura plus de
» délai possible, quand il s'agira non plus de
» dissoudre la Chambre, mais la Charte, alors

» la volonté royale suspendra l'expérience, et
» trouvera que c'est assez. »

La Gazette de France, un des organes les plus ordinaires de la coterie, répond :

« En faut-il conclure que, dans le cas où les
» électeurs nous enverraient une Chambre
» pour recommencer l'adresse incompatible
» ou l'adresse déplorable, la royauté subirait
» le joug d'une pareille assemblée, et prendrait
» des ministres de concession ou de spoliation!
» Que le *Journal des Débats* ne s'y fie pas.....
» Comment ne pas comprendre qu'une Charte
» émanée du trône ne peut, sans être faussée,
» servir à renverser le trône! »

On sait comment ce parti entend et comprend le *renversement du trône*. Il doit s'opérer, suivant lui, par les remontrances les plus respectueuses et les plus sages que les hauts conseillers du souverain puissent présenter à ce souverain; il doit s'opérer aussi par le renversement de sa petite influence. Qu'on laisse faire et ce parti et le ministère actuel : avant dix ans les tribunaux, l'armée, toute l'administration, seront tellement corrompus et empoisonnés de leurs créatures; ils auront, (ou du moins, ils l'espèrent), avec ces créatures, tant d'action sur l'assemblée, sur les corps électoraux, sur tout le royaume, que les infractions multipliées de toutes parts ne seront pas aperçues, ou si elles sont aperçues elles ne seront pas comptées.

Un homme de ce parti disait dernièrement, en parlant du parti libéral : « Ils ne veulent » ni de nos jésuites, ni de nos missions; encore » un peu de temps, nous les leur ferons bien » avaler. »

Si malgré les lois les plus précises et les plus claires, malgré l'aversion générale, les jésuites avaient déjà trouvé le moyen de s'emparer de la France, que serait-ce avec un ordre de choses pris de loin et monté comme ce parti veut le monter!

On veut tranquillement avec un ministère de congrégation et de jésuites arriver à démanteler ou à paralyser la Charte. Le devoir des députés est de la défendre. Louis XVIII a nommé de nos jours, avec les intentions les plus louables, un ministre régicide. Je suppose qu'il arrive à la pensée de quelqu'un de ses successeurs, trompé de même par de bonnes intentions, de consacrer un ministère républicain. Ainsi que le ministère Polignac, ce ministère sans doute parlerait de ses bonnes intentions ; ses portefeuilles seraient pleins de plans les mieux conçus en apparence. Disposant des places et des trésors, il lui suffirait, comme au ministère actuel, d'occuper tous les postes en les remplissant de ses créatures ; les postes une fois occupés, toutes les positions prises, on commencerait à opérer. Et l'on voudrait qu'une assemblée loyale et fidèle, qui apercevrait un tel mouvement de choses, gardât le silence ; on l'accuserait de manquer à ses devoirs, on la traiterait d'insolente et de factieuse, si, à l'exemple des anciens grands corps de l'état, elle se permettait d'avertir le Roi !

L'espérance du parti jésuitique se fonde sur l'article 14 de la Charte. Il est ainsi conçu :

« Le Roi est le chef suprême de l'état, com-
» mande les forces de terre et de mer, déclare
» la guerre, fait les traités de paix, d'alliance
» et de commerce, nomme à tous les emplois
» d'administration publique, et *fait les rè-*
» *glemens et ordonnances nécessaires pour*
» *l'exécution des lois et* LA SURETÉ DE L'ÉTAT. »

La sûreté de l'état ! Aussitôt qu'il aura déclaré que des élections jésuitiques sont nécessaires à la sûreté de l'état, le parti espère qu'il parviendra à faire faire au Roi des ordonnances pour commander les élections dans ce sens.

Le Roi ne fera pas une telle chose.

Il faut dire plus : si par quelque artifice on venait à tromper en ce point sa religion et sa volonté, on n'obéirait pas. La désobéissance dans ce cas sauverait l'état et la royauté.

FIN.

PARIS. — IMPRIMERIE ET FONDERIE DE FAIN,
Rue Racine, n. 4. Place de l'Odéon.

www.ingramcontent.com/pod-product-compliance
Ingram Content Group UK Ltd.
Pitfield, Milton Keynes, MK11 3LW, UK
UKHW012103240726
13965UKWH00004B/1494

9 782013 446747